AVIS

AUX

SŒURS DE L'INSTRUCTION CHRÉTIENNE

POUR L'USAGE

des

TABLEAUX DE LECTURE

ET DE L'ALPHABET.

NANTES,
IMPRIMERIE MERSON, RUE NOTRE-DAME, 3.

1839.

Saint-Gildas, 1.er juillet 1859.

Mes chères Filles,

Des motifs graves, pesés mûrement et depuis longtemps, nous engagent à vous présenter un nouvel Alphabet. Nous avons l'espérance fondée que les enfants apprendront plus rapidement à lire et que, par conséquent, il sera possible de donner plus de développement à leur instruction chrétienne pendant le temps trop court que les parents leur accordent pour suivre les classes. Ce motif puissant encourageant votre zèle, vous fera surmonter le travail toujours un peu pénible que nécessite l'étude d'une méthode nouvelle; mais vous en reconnaîtrez bientôt les avantages, et vous verrez en l'appliquant qu'elle aplanit des difficultés qui, souvent, vous avaient paru insolubles. Nous redoutons et repousserons toujours les innovations dangereuses ou sans but : mais lorsque des méthodes consacrées déjà par l'expérience peuvent nous présenter des moyens et des résultats utiles, nous ne craindrons pas, et vous ne redouterez pas non plus de les adopter.

Daigne le Seigneur bénir votre zèle et vos efforts, et que la grâce avec la paix de Jésus-Christ notre Sauveur soient toujours avec vous.

ANGEBAULT.

AVIS
aux
SŒURS DE L'INSTRUCTION CHRÉTIENNE.

CAUSES DE LA DIFFICULTÉ DE LA LECTURE.

Plusieurs causes rendent très-difficile pour l'enfance l'exercice de la lecture.

La première, et certainement la plus grave, c'est que nous n'avons pas dans la langue française assez de caractères pour représenter tous les sons simples ou *voyelles*. « On appelle *voyelle* tout son simple, indi- » visible, proféré par le gosier sans mélange » d'un autre son qui en change la modifi- » cation à l'oreille. »

Or nous n'avons pas de lettre qui puisse représenter 1.° les sons simples ou voyelles *eu*, *ou* : il faut pour l'exprimer réunir les lettres *e u* et *o u*;

2.° Les voyelles nasales *an*, *in*, *on*, *un*. Ces sons s'expriment par une seule émission de la voix, sans qu'ils soient modifiés avec le secours des lèvres ou de la langue; cependant il faut réunir deux lettres pour représenter chacun d'eux ;

3.º Il faut aussi deux lettres pour représenter les consonnes *ch*, *ll* mouillés, et *gn*;

4.º Enfin nous n'avons pas de lettres qui expriment les diphthongues *oi* et *oin*.

On appelle *diphthongue* la réunion de deux sons formant une seule syllabe.

Une autre difficulté, quoique moins grave, est d'avoir réuni pêle-mêle, dans l'alphabet, les voyelles et les consonnes, ce qui en rend la distinction plus difficile pour l'enfant.

Le mode d'épellation est aussi un écueil contre lequel les enfants viennent se heurter. La dénomination successive et bizarre des lettres ne présente souvent aucune ressemblance avec le son complet que le mot entier doit former. Ceux qui s'occupent d'instruction primaire se sont mis l'esprit à la torture pour vaincre cet obstacle.

Enfin les enfants ne peuvent pas comprendre que le même son soit représenté par des syllabes dont l'orthographe est tout-à-fait différente, par exemple *é*, son simple, est représenté aussi par *ais*, *aient*: j'ai *mais*, ils ai *maient*.

Ils ne comprennent pas pourquoi dans beaucoup de mots ils rencontrent, surtout pour les terminaisons, des lettres qu'on ne prononce pas. C'est qu'il est difficile de leur expliquer les raisons d'orthographe ou d'étymologie qui motivent ce qui doit leur paraître une bizarrerie.

Voilà les principales causes de l'extrême difficulté que présente pour les enfants l'exercice de la lecture. C'est aux maîtres à tâcher de le leur rendre plus facile.

MÉTHODES DE LECTURE.

Deux méthodes sont plus habituellement employées pour apprendre à lire aux enfants.

La première, ou l'ancienne méthode, consiste à décomposer les mots en syllabes et en lettres, en nommant chacune des lettres et en donnant les noms suivants :

A , bé, cé, dé, é, effe, gé, ache, i, ji, ka, éle, éme, éne, o, pé, qu, ère, esse, té, u, vé, icse, i grec, zède.

La seconde méthode fut inventée par les savants hommes de Port-Royal; ils proposèrent de changer la dénomination des consonnes dans l'épellation, et de prononcer *be, que, de, fe, gue, je, que, le, me, ne, pe, que, re, se, te, ve, cse, ze.*

Une troisième méthode veut qu'on montre à lire sans épellation. Elle consiste à faire lire par syllabes, sans décomposer jamais les syllabes en lettres. On apprend d'abord de mémoire à l'enfant à connaître les syllabes les plus simples, ensuite celles qui sont plus compliquées, et enfin les plus difficiles.

La première méthode est suivie par les Frères des Ecoles chrétiennes; elle l'a été également jusqu'à présent par les Sœurs de l'Instruction chrétienne.

La seconde méthode est fortement recommandée par le conseil royal de l'Instruction publique, et elle est suivie dans les Ecoles Normales.

Le très-grave inconvénient de l'ancienne méthode est de ne présenter aucune ressemblance entre le son du mot entier et celui de chacune des lettres qui le composent. Ainsi le mot *main* se décomposait ainsi: *émé, a, i, éne, main*; dans lequel son ne se trouve aucun de ceux qu'on a entendus dans la décomposition du mot, excepté peut-être celui un peu approchant de la première lettre; et une quantité d'autres mots plus longs présentaient des difficultés bien plus graves.

La nouvelle méthode de Port-Royal présente plus de ressemblance dans les sons, et par conséquent plus de facilité pour les enfants. On conçoit aisément qu'avec le son sourd de l'*e* muet on glisse plus facilement dans l'épellation de la consonne à la voyelle qui la suit; ainsi pour ce mot *tête*, on lirait : *te é, té, te te, tête*. Toutefois, même avec cette seconde méthode, on retrouve à peu près, pour beaucoup de mots les difficultés de la première. Ainsi pour ces mots : *ils aimaient*, il faut que l'enfant se traîne par tous les degrés de l'épellation par lettres pour la dernière syllabe *aient* qui exprime le son simple, ou la voyelle *è*.

Entre les différentes méthodes dont nous venons de parler, s'il nous fallait faire un choix, nous préférerions les méthodes *par épellation*, parce qu'elles ont l'avantage de donner déjà à l'enfant quelques notions d'orthographe, en le forçant à analyser les mots; et des deux méthodes nous préférerions la seconde, c'est-à-dire celle de Port-Royal.

Mais, comme nous l'avons observé, cette seconde méthode elle-même offre encore pour les enfants la très-grande difficulté de présenter pour l'épellation des voyelles comparées une différence bizarre.

Pour éviter cet inconvénient, nous prendrons une route mitoyenne, combinant la méthode sans épellation avec la méthode de Port-Royal. Cette étude fait l'objet du Tableau n.º 3, que nous allons expliquer plus bas.

TABLEAU N.º 1. — Le Tableau n.º 1 renferme les lettres de l'alphabet. Les Sœurs remarqueront qu'au lieu de commencer par les lettres capitales, on commence par faire connaître les lettres ordinaires. C'est afin de pouvoir, dès le principe, faire distinguer à l'enfant les différentes prononciations de l'*e* ; ce qu'on ne pourrait pas faire avec les lettres capitales sur lesquelles on ne place pas d'accents. Mais en lui faisant lire les diverses espèces d'*e*, on ne lui fera point nommer en même tems chaque accent ; on l'habituera à donner de suite à la voyelle le son désigné par l'accent, lui faisant seulement distinguer les diverses espèces d'accents.

Dans ce Tableau n.° 1.er on a aussi séparé les voyelles des consonnes, en mettant parmi les voyelles l'*y* qui n'est qu'une variante de l'*i*, et aussi les voyelles *eu*, *ou* et les quatre voyelles nasales *an*, *in*, *on*, *un*. On fera prononcer toutes ces voyelles comme un son simple et sans épellation.

Les Sœurs feront donner aux consonnes les noms marqués au-dessous, suivant la méthode de Port-Royal. Elles remarqueront que, dans l'*alphabet comparé*, on a réuni les consonnes dont le son est semblable. Savoir : *p, b, m — p, v — t, d, r — s, z, x. — j, l, n — c, k, q, g*. Il faut aussi faire bien distinguer aux enfants trois lettres qu'elles peuvent facilement confondre *p, b, d*.

Elles verront qu'on n'a point inséré dans l'alphabet la lettre *h* ; parce que cette lettre n'a qu'une valeur orthographique, et ne change rien au son de la voyelle qu'elle accompagne.

Elles remarqueront aussi qu'il y a trois lettres dont le son est semblable, savoir : c, q, g : ce son est modifié dans l'usage par celui des voyelles auxquelles elles sont jointes. Un signe orthographique appelé cédille, modifie spécialement le c.

Les Sœurs feront dès ce premier Tableau distinguer aux enfants les accents et leur valeur. Plus tard, elles leur montreront la valeur du tréma.

Enfin elles apprendront déjà aux enfants à distinguer les chiffres arabes, afin de pouvoir connaître plus promptement les n.^{os} des pages de leur livre de lecture.

Comme nous l'avons dit plus haut, la grande difficulté pour les enfants est d'exprimer les mêmes sons avec des syllabes différentes; et cette difficulté se complique encore par le grand nombre de lettres qui leur semblent inutiles, et qu'on leur fait nommer dans l'épellation. Pour éviter cet inconvénient, nous avons dressé la seconde partie du Tableau n.º 1.er, renfermant les voyelles comparées; c'est-à-dire, d'abord, et au-dessus, les voyelles simples; puis au-dessous, renfermées dans une accolade, les voyelles composées de plusieurs lettres, mais formant également un son simple et semblable.

On habituera les enfants à lire sans épellation toutes les voyelles comparées exprimées sur ce Tableau, leur faisant comprendre que toutes les fois qu'elles les rencontreront, il suffira pour les lire d'exprimer le même son que celui de la voyelle simple qui est posée au-dessus. Les Sœurs feront répéter aux enfants, jusqu'à ce qu'elles le sachent bien, ce Tableau des voyelles comparées ; plus tard, elles leur feront lire les petits exercices n.º 5, destinés à y servir de complément. Enfin, si ensuite dans la lecture du livre d'Alphabet ou d'un autre, une enfant hésitait pour une de ces voyelles comparées, il suffirait à la Sœur de rappeler l'élève au Tableau n.º 1.ᵉʳ, en lui montrant, avec la baguette, la voyelle simple et la voyelle comparée.

Les Sœurs pourront remarquer que les mêmes voyelles comparées se trouvent sous des voyelles simples différentes: par exemple, *ent* se trouve également sous l'*e* muet et sous la voyelle nasale *an*. Dans le premier cas, *ent* marque la troisième personne du pluriel au présent de l'indicatif, comme *ils* aim*ent* : dans le second, il appartient à l'adjectif, comme prud*ent*. Mais il serait impossible de faire comprendre à une enfant qui commence la raison de cette différence. L'usage lui fera connaître peu à peu la prononciation. Les Sœurs remarqueront aussi que les mots pris pour exemples dans les exercices ont été, autant que possible, rangés dans l'ordre al-

phabétique et en suivant l'ordre des voyelles
a e i o u, afin de leur faciliter la recherche
des exemples pour résoudre les difficultés
qui se présenteraient en lisant.

Tableau n 2. — Les exercices du Tableau n.º 2 sont très-faciles.

Tableau n." 3. — *Ch* et *ph* — Nous avons cru devoir exposer aux yeux des enfants des Tableaux pour les difficultés que présentent les consonnes *ch, gh, lh, ph* dans la lecture; on fera prononcer *ch, gh, lh, ph* sans épellation, comme une consonne simple, sans les séparer. Les enfants devront bien connaitre tous ces tableaux avant de commencer à se servir du livre de l'Alphabet.

On apprendra à l'enfant à donner, sans épeler, aux deux lettres réunies *ch* le son *che*, qu'elle épellera ensuite avec la voyelle qui suivra. Par ex. : pour le mot *char*, l'enfant dira *che a re*, *char*; *chien*, *che i chi-in*, *chien*; de même pour la consonne *ph* qu'on prononcera *fe*.

Les Sœurs pourront remarquer que dans ce Tableau n.º 3, les consonnes *ch* et *ph* se trouvent combinées avec toutes les voyelles ordinaires ou nasales, et que tantôt elles se trouvent au commencement, tantôt au milieu, tantôt à la fin des mots.

Quelquefois *ch* est précédé du *s* et garde néanmoins le son de *ch*, comme dans les ex.: *schisme*, etc., portés au Tableau.

Enfin il y a des exceptions pour certains mots dans lesquels *ch* prend le son du *k*. Nous en avons indiqué quelques-uns au tableau n.º 6 : l'usage apprendra les autres.

Tableau n.º 4. — *Gn* et *ll*. Après les exercices sur *ch*, on passera au Tableau n.º 4. La consonne *gn* est encore une de celles qui offrent aux enfants des difficultés graves. Nous avons suivi la même marche que pour le tableau précédent. Nous avons combiné *gn* avec les différentes voyelles, c'est-à-dire que nous l'avons présenté dans le corps ou à la fin des mots, réservant pour la fin les exceptions qui ne sont pas très-nombreuses.

Lorsque *gn* se trouve au commencement des mots, ordinairement il conserve le son des deux lettres, et se prononce *guene*: ainsi *gnôme*, *gnostiques*, *guenôme*, *guenostiques*. Dans le corps des mots il a le son mouillé, sauf quelques cas rares d'exceptions.

Les *ll* doubles offrent plus de difficultés. Voici quelques règles à ce sujet :

Dans les mots qui commencent par *ill*, les *ll* ne sont jamais mouillés : *illustre, illusion, illégale, illicite*, etc.

Dans quelques mots, les deux *ll* conservent également leur prononciation, comme *ville, mille, tranquille, pupille, distiller, oscillation, sibylle, Achille*, etc. De même aussi pour les composés *million*, *millième*, *village*, etc.

Il faut encore remarquer que *eill* ne se mouille que quand l'*i* est après l'*e* ; autrement les deux *ll* conservent leur valeur propre : *vielle*, *mielleux*, *emmiellé*, *voyelle*. Pour l'épellation on fera joindre les voyelles *e* et *i* pour faire la voyelle *é*, et prononcer ensuite les *ll* mouillés. Ainsi pour épeler *a bei lle*, on dira *a*, *b ei*, *bé*, *a bei-lle*, *a bei lle*. Au contraire pour les voyelles *a*, *eu*, *ou*, on joindra dans l'épellation l'*i* aux deux *ll*, et l'on épellera *pa ille*, *feu ille*, *rou ille*. La raison en est que les premières syllabes se prononcent distinctement. Ainsi dans ces mots, les premières syllabes sont : *pa*, *feu*, *rou*. Mais si dans *paille*, on joignait l'*i* à l'*a*, on aurait *pé ye*, etc., de même *empaillé* ferait *empéyé*. Pour distinguer les exceptions *mille*, *ville*, etc., et de même pour *balle*, *emballer*, et les autres mots dans lesquels les doubles *ll* ne se mouillent pas, on séparera les *ll* pour l'épellation, c'est-à-dire qu'on fera épeler ainsi : *vil le*, *mil le*, *em bal ler*.

Les deux *ll* qui suivent *immédiatement* la voyelle *a* ne se mouillent jamais : *palle*, *balle*, *emballer*, *alléger*, etc. Pour obtenir l'articulation des *ll* mouillés, il faudrait entre l'*a* et les *ll* un *i* qui ne doit pas être épelé et ne sert qu'à indiquer la prononciation mouillée des deux *ll*, comme ci-dessus dans *paille*, *bailler*, etc.

Pareillement lorsqu'on veut rendre mouillés deux *ll* placés après les voyelles *eu, ou*, il faut intercaler un *i* comme dans *feuille, rouille, bouillir*, etc.

Enfin les Sœurs observeront que *l* final varie pour la prononciation, et que tantôt il est mouillé, tantôt il ne l'est pas. Ainsi il n'est pas mouillé dans *vil, fil, exil, civil, mil* (nom de nombre).

Il est mouillé dans *mil* (petit grain), *gril, péril, babil, persil, avril*.

Dans d'autres mots *l* final ne se prononce pas, surtout dans la conversation ; tels sont *baril, outil, coutil, gentil*, etc., qu'on prononce *bari, outi, couti, genti*. Cependant ces finales avaient autrefois le son mouillé comme on le voit par les dérivés *gentillesse, persillé, outillé*.

L final se prononce mouillé dans les mots terminés en *ail, eil, euil, ueil* : *bail, portail, sommeil, seuil, chevreuil, écueil*; et pour l'épellation, suivant le principe posé ci-dessus, on épellera aussi *por ta il, som me il, seu il, é cue il*.

Telles sont les remarques à faire sur les Tableaux. Avant de parler du livre de l'Alphabet, nous devons encore donner quelques principes.

Les Sœurs ne reconnaîtront pour diphthongues que les diphthongues *oi* et *oin* : ce que l'on regardait comme des diphthongues ne doit être considéré que comme des voyelles liées On ne fera donc point attention dans ces commencements aux règles de la prosodie, et l'on fera épeler en distinguant toujours les syllabes. Ainsi pour ces mots *Dieu, tien* on dira *De i, Di-eu, Di eu, ti en*; parce que tous ces mots présentent toujours deux sons bien distincts. On évite ainsi de graves difficultés.

On appelle *prosodie* la succession des tons graves, aigus, rapides ou prolongés qui modifient le langage.

On appelle *quantité* le temps plus ou moins long que l'on met à prononcer une syllabe. Celui qui ne l'observerait pas tomberait dans des méprises ridicules, par exemple, pour les mots suivants :

Bât, selle pour un cheval. Il *bat*, du verbe battre.
Hâle, air chaud. *Halle*, lieu de marché.
Mâle, sexe masculin. *Malle*, coffre.
Mâtin, chien. *Matin* commencement du jour
Pâte, farine pétrie. *Patte*, pied des animaux.
Tâche, travail. *Tache*, souillure.

Une *brève* est une syllabe qu'on prononce plus rapidement; une *longue* est une syllabe sur laquelle on appuie en la prononçant.

Voici quelques règles générales.

SYLLABES BRÈVES.

1.° Toute syllabe dont la dernière voyelle est suivie d'une consonne qui n'est ni *s* ni *z* brève, comme *sac, sel, fil, tuf,* etc.

2. Les consonnes nasales *m*, *n*, redoublées deviennent brèves : *épigramme*, *personne*, *tonne*, etc.

3.º Toute syllabe terminée par *l* mouillé à la fin des mots est brève : *avril*, *fauteuil*, *portail*, etc.

4.º Toute syllabe terminée par *r* ou *s* et qui est suivie d'une syllabe commençant par une consonne, est brève : *parti*, *masque*, *barbe*, *funeste*.

5.º Une syllabe qui finit par une voyelle et qui est suivie d'une autre voyelle commençant la syllabe suivante, est brève : *action*, *tuer*.

SYLLABES LONGUES.

1.º Toute syllabe est longue au pluriel : des *sacs*, des *sels*.

2.º Toute syllabe qui s'écrit au singulier comme au pluriel est longue : le *temps*, la *voix*, le *faix*.

3.º *s* et *z* placés entre deux voyelles dont la dernière est une muette, rendent longue la syllabe précédente : *rose*, *gaze*, *franchise*.

Les mots qui finissent par un *e* muet précédé d'une autre voyelle, ont leur avant-dernière syllabe longue : *joie*, *la rue*, *j'envoie*.

SÉPARATION DES SYLLABES.

La séparation des syllabes offre bien des

irrégularités; on suivra les règles suivantes:

1° Quand les voyelles ne seront séparées que par une consonne, cette consonne appartiendra toujours à la syllabe qui suivra; ex.: *re mè de, dé vo ré.*

2.° Les combinaisons *ch, gn, ph*, étant regardées comme de simples consonnes, suivront la même règle, c'est-à-dire, qu'elles appartiendront à la syllabe qui suivra; ex.: *a che vé, di gne, é pi ta phe.*

3.° On suivra encore la même règle pour les consonnes redoublées dont la seconde sera *l* ou *r*, c'est-à-dire qu'elles appartiendront encore l'une et l'autre à la syllabe qui suivra; ex.: *o bla ti on, a bri cot, a bla tif, ré pri mer.*

4.° Mais pour les autres consonnes, lorsque deux ou plusieurs se suivront, la première seule appartiendra à la syllabe précédente: l'autre, ou les autres, se joindront à la syllabe qui suivra; ex.: *ac com mo dé, af fai re, com pli ment.*

REMARQUE SPÉCIALE.

Dans le Tableau des voyelles comparées nous avons considéré comme voyelles nasales *an, in, on, un*. Nous avons dit qu'on les prononcerait toujours par un seul son de voix et sans épellation: il résulte de là que les voyelles *an, in, on, un*, devraient toujours être jointes entièrement à la consonne qui les précèdera, comme dans les mots *din don, lun di, san té.*

Cependant cette règle souffrira une exception ; ce sera dans les cas où les voyelles nasales seront immédiatement suivies d'une voyelle, comme dans les mots *animal, inutile, onéreux, unité.* Car au lieu de les séparer ainsi : *an i mal, in u ti le, on é reux, un i té*, on séparera la voyelle nasale, et joignant la consonne *n* à la voyelle suivante, on dira : *a ni mal, i nu ti le, o né reux, u ni té.*

LIAISON DES MOTS DANS LA LECTURE.

Pour lier deux mots entre eux dans la lecture courante, il faut que le premier finisse par une consonne, ou par un *e* muet, et que le second commence par une voyelle. C'est ainsi que l'on prononce *petit oiseau, douze amis*, comme s'il y avait *peti-toiseau, douzamis.*

Dans la liaison des mots, *d* se prononce comme *t* ; *g* comme *k* ; *s* et *x* comme *z* : ainsi on lit *grand air, sang humain, hommes insensés, six arbres*, comme s'il avait *grantair san-khumain, homme-zinsensés sizarbres.*

Les lettres qui se lient fréquemment sont *c, d, f, g, l, r, s, t, x, z*. La lettre *n* ne se lie que quand le sens n'admet aucune pause entre le mot qu'elle termine et le mot suivant : *en avant*, *bien aimable*.

Le mot *neuf* (exprimant un nombre) se lie comme s'il s'écrivait *neuv* : *il a neu-vans*.

On ne saurait donner des règles fixes pour tous les cas ; car ici surtout le caprice de la langue a introduit de nombreuses exceptions. L'usage seul et l'habitude d'un langage épuré pourront guider dans cette voie.

PRONONCIATION.

Les consonnes redoublées se prononcent généralement comme les consonnes simples, mais en les faisant sentir plus fortement. Il y a cependant quelques exceptions, comme dans ces mots ; *mammifères*, *immense*, *annulé*, *littoral*, dans lesquels les deux consonnes se séparent en deux articulations.

En général la consonne finale ne se fait pas sentir.

Cette règle souffre cependant des exceptions.

1.º Après *a*, *o*, *u*, *i*, *e*, *ou*, *oi*, *eu*, on fait sentir à la fin des mots les consonnes *f*, *c*, *l*, *r*, comme dans *veuf*, *métal*, *bouc*, *soupir*, *pour*, *voir*, *peur*, etc.

2.º La consonne finale *m* s'exprime toujours après *e*, ou *a*, comme *Abraham* (sauf le nom Adam) ; après *u* elle se prononce, et le son de l'*u* se change en *o*, en donnant une terminaison latine, comme dans *opium*, *décorum* ; exceptez cependant *parfum*.

Nous terminons par une petite notice alphabétique indiquant les principales variations : l'usage seul pourra apprendre les autres ; et quand les Sœurs seront embarrassées, elles auront recours aux Dictionnaires.

NOTES.

A—joint à *i*, (*ai*); fait *é* et quelquefois *è*; *ai* initial et final fait *é* : *ai*dé, *ai*mé, *ai*lé, j'*ai*merai, je verrai, je parlai, je brûlai.

ai médial (au milieu des mots) fait ordinairement *è* : m*ai*re, g*ai*ne, vic*ai*re, p*ai*re, not*ai*re.

ai se prononce *a* dans douairière.

E—La lettre *e* est une de celles dont les combinaisons sont le plus variées.

e muet. Le son l'*e* muet, qui ne se fait pleinement entendre que dans les monosyllabes *le*, *de*, *je*, *me*, *te*, *se*, *que*, etc., se prononce différemment dans les cas suivants:

Dans la lecture courante, il se fait à peine sentir à la fin des mots de plusieurs syllabes: homm*e*, viand*e*; et de même au pluriel: homm*es*, viand*es*.

Il ne se fait point sentir du tout quand il

est précédé de *i* ou de *u*, comme dans pol*ie*, jol*ie*, tort*ue*, perd*ue* ; au pluriel il suit la même règle : pol*ies*, jol*ies*, tort*ues*, perd*ues*. Placé dans les mots après *i* et *u*, il ne se prononce pas, mais il sert quelquefois à rendre plus long le son précédent : j'agréerais, je prierai, le dévouement, etc.

e muet final et précédé d'un *é* fermé ne se fait pas sentir : arm*ée*, fum*ée*, forc*ée*.

e muet s'écrit encore par *ent* : ils chant*ent*, il mang*ent* ; on le reconnaît quand on peut mettre devant *ils* ou *elles*.

— Le son muet *e* se change en *é*, quand il est à la fin des mots, suivi de *t*, bonn*et*, val*et*.

é fermé. Il prend le son *é* dans les mots terminés par les lettres *z* ou *r* : ven*ez*, chant*ez*, mang*er*, berg*er* ; sauf quelques exceptions pour ces mots en *er*, comme m*er*, enf*er*, hiv*er*, etc.

Il prend le son *é* devant les consonnes finales qui se prononcent : br*ef*, mi*el*.

Devant *x*, *examen*, *exil*.

Devant les lettres doubles : *ennemi*, *essai*, *effort*, *essuyer* ; cependant il reste muet dans ressaisir, ressemblance, ressource, resserrer, dessus, dessous, etc.

Le son de l'*é* est quelquefois représenté par *ei*, *ey*, *ai*, *ait*, comme on voit au Tableau n.º 3 des voyelles comparées.

è L'*e* prend même quelquefois le son de

l'è (avec accent grave) devant les doubles consonnes : messe, verre, greffe.

Il prend le même son è quand il se trouve à l'avant-dernière syllabe d'un mot terminé par un e muet : remède, caractère, planète.

ê Il prend le son ouvert dans les monosyllabes terminés par s ou st : les, des, mes, tes, etc., il est.

Par une bizarrerie qu'il faut remarquer, e prend le son de l'a dans tous les mots terminés par emment : prudemment, fréquemment, etc., et dans quelques autres tels que femme, solennité, hennissement, que l'on prononce famme, solannité, hannissement.

ë Enfin cette voyelle est quelquefois marquée du tréma, comme dans ces mots : Noë, Noël, poëme, ciguë.

I — Il y a peu de remarques à faire sur la prononciation de l'i : on donne le même son à l'y, comme dans type, sibylle, tyran.

Mais il faut remarquer que quand y se trouve entre deux voyelles, il équivaut à deux i, et alors il se lie avec la première, comme on a vu au Tableau n.º 5 des voyelles comparées : pays pour pai is, voyage pour voi iage, royal pour roi ial ; on met aussi sur l'i le signe du tréma : Caïn, naïf, judaïsme, ouïe.

O — Le son de la voyelle o est représenté

par *au, aux, eo, eau, eaux*; comme on voit au Tableau n.º 3, l'*o* se lie quelquefois avec *e, œ* : alors il équivaut à *é* s'il est suivi d'une consonne: OEdipe, œcuménique; mais il sonne comme *eu* s'il est suivi des voyelles *u* ou *i*; œuf, manœuvre, œil, œillet, œillade.

U — La langue française est, je crois, la seule dans laquelle cette voyelle soit prononcée *u*; dans toutes les autres, italienne, espagnole, allemande, on la prononce *ou*.

La prononciation de l'*u* n'a pas de valeur dans la plupart des sons où cette voyelle se trouve précédée de *q* ou de *g* : perruque, figue.

Quand elle est précédée de *e* ou de *œ*, elle fait *eu*. Il y a pourtant une exception, et elle sonne comme *u* dans j'*eus* , nous *eussions*, ils *eurent*,

On met aussi sur l'*u* le signe du tréma: Esaü, Saül.

Enfin lorsque l'*u* est suivi de la consonne *m*, il prend le son de l'*o* et fait *om*: alb*um* opi*um*; excepté parf*um*.

EU, OU — Il n'y a point de remarques à faire sur ces voyelles ; les sons comparés sont représentés au Tableau.

AN — *An* est représenté par *am, cm, en*.

ean, ent, comme nous avons dit au Tableau n.º 3.

IN — *In* est aussi représenté par différentes voyelles comparées, entre autres par *en*; comme dans mi*en*, je vi*ens*, il ti*en*dra, Nazaré*en*.

ON, UN, OI, OIN — Les sons comparés sont aussi représentés au Tableau n º 3, et de même pour *un* et les diphthongues *oi* et *oin*.

B — *b* final est sonore (c'est-à-dire, qu'on le fait sentir) après *o, u, ou*; ex.: ro*b*, Jaco*b*, radou*b*; mais il est muet dans plom*b*.

C — Le *c* est toujours dur, excepté devant *e,é,è,ê,i, y* : *c*anot, *c*ochon, *c*ave. Mais devant l'*é*, dans toutes ses modifications, et aussi devant l'*i* et *y*, il prend le son du *s*; ex. : *c*e*c*i, *c*ygne, pré*c*édé, dou*c*eur, *c*entre, dé*c*embre, *c*einture; et même avec les mots en *eau*, tels que ber*c*eau, mon*c*eau, dans lesquels on voit que l'*e* placé entre le *c* et l'*a* rend douce la prononciation du *c*.

Mais même devant *a, o, u*, le son du *c* peut être adouci à l'aide du signe nommé cédille: ran*ç*on, for*ç*at, aper*ç*u.

Le *c* final est sonore après *a, o, u, i, e, ou, oi, eu*: ba*c*, ro*c*, du*c*, pi*c*, se*c*, bou*c*.

Enfin, souvent il a deux valeurs dont l'une

est douce et l'autre dure; ex.: vac cin, vaksin; ac cident, ak sident.

Le c final se lie aussi avec la voyelle du mot suivant : Il arriva donc à Nantes.

D—Le d final se lie aussi avec la voyelle commençant le mot qui suit.

F—Il en est de même de la lettre *f* : mais par une particularité remarquable, quelquefois le *f* conserve le son sonore du *f*, et quelquefois il prend celui du *v*. Ainsi : il a donné un habit *neuf* à son fils ; et quand *neuf* exprime un nom de nombre, on dira il a *neuf* ans ; *neu vans*.

F final est sonore après *a*, *e*, *i*, *o*, *u*, *eu*, *ou*, *oi*.

G—Le *g* a le son dur devant toutes les voyelles, excepté l'*e* et l'*i*. Devant ces deux dernières et leurs composés, il prend le son doux du *j* ; et il le conserve, par suite de cette règle, dans ces mots, il man*gea*, pi*geon*. Nous ferons en passant une remarque, non pas sur le son du *g*, mais sur les voyelles composées *ea*, *eon* : dans les mots suivants, l'*e* étant frappé de l'accent, forme un son séparé : *géant*, *géomètre*, *géologie*, *géographie*, etc.

Le *g* a quelquefois deux valeurs dans le même mot ; ainsi dans *gageure*, le premier a le son dur, et le second se prononce comme *je*.

Nous ne ferons point d'observations sur la consonne composée *gn* : on peut voir le Tableau n° 6.

Le *g* final se lie avec la voyelle qui commence le mot suivant.

H — Nous n'avons pas donné place dans l'Alphabet à la lettre *h*, parce qu'elle n'est ni voyelle, ni consonne, c'est-à-dire qu'elle n'exprime ni un son, ni une articulation ; suivie de l'*e* muet, elle se confondrait avec lui, *he* : et par conséquent sa fonction devient nulle. Précédée de *c* et *p*, elle sert à constituer les consonnes composées *ch*, *ph*. Nous ne parlerons point ici des différentes manières de combiner ces deux consonnes : les Tableaux n.° 5 et n.° 8 suffisent pour les faire connaître.

L'*h* n'a donc qu'une valeur orthographique, c'est-à-dire que placée devant certains mots, comme le *héros*, la *houlette*, elle signifie que les articles *le* et *la* ne doivent pas être élidés par l'apostrophe. C'est ce qu'on appelait *h* aspirée. Dans tous les autres cas, sa fonction est nulle, soit comme voyelle, soit comme consonne. Ainsi on ne la prononce pas dans l'*homme*, l'*humilité*, dans *théorie*, *méthode*, *agathe*, mais on l'a conservée par cause d'étymologie.

J — Le *j* a toujours la prononciation douce.

K — Le *k* a toujours la prononciation dure.

L — *L* final est sonore après *a, e, i, o, u, eu, ou, oi*; il se lie aussi avec la voyelle suivante : quant au son des *ll* mouillés, les explications données précédemment doivent suffire, et les exemples portés soit au Tableau n.° 7, soit aux exercices alphabétiques, doivent lever toute difficulté.

M — La lettre *m* a souvent deux valeurs; ainsi dans *membre*, le premier *m* est une consonne pure, et le second concourt à former la voyelle nasale *an*. Or, *m* a le son de *n* quand, au milieu d'un mot, il se trouve devant *b, n* ou *p*.

M au milieu des mots se prononce quelquefois, et souvent ne se prononce pas. Il est sonore dans *somnifère, calomnie, insomnie, amnistie*. Il est sonore et muet dans le même mot; *som nam bule*. Il est muet dans *timbre, ombre*, etc. Dans *indemniser*, *em* prend le le son de l'*a*.

N — La lettre *n* a souvent aussi deux valeurs, comme dans *nanti*, ainsi que nous venons de l'expliquer pour *m*.

N final précédé de *e* se prononce souvent, comme dans *amen*, *specimen*, *hymen*.

N final se lie aussi quelquefois, comme nous avons dit.

Les *nn* doubles se font sentir, mais sans leur donner un son nasal, comme a*nn*uel, i*nn*ombrable.

P — Le *p* suivi d'une consonne au milieu des mots, ne se prononce pas ordinairement, comme dans *baptême*, *comptoir*, *promptitude*, *septième*; mais il se prononce dans cons*cription*, trans*cription*.

A la fin des mots, quelquefois il est sonore et quelquefois il ne l'est pas; il est sonore dans *croup*, *julep*, *cap*, *rapt*, *cep*. Il est muet dans *loup*, *drap*, *sirop*, *coup*, *beaucoup*, *trop*. Je mets de suite ces trois derniers mots, parce que ce n'est guère que dans ces trois-là que *p* final se lie avec la voyelle suivante: Il lui a donné un *cou paffreux*; ce café est *tro pamer*.

R — La consonne finale *r* se fait sentir après *a, e, i, o, u, en, ou, oi*; *par, mer, soupir, pour, sûr, peur*, etc.; cependant plus ordinairement elle est muette après *e*: boulange*r*, berge*r*, et tous les infinitifs des verbes de la première conjugaison: aime*r*, donne*r*, etc.

R final se lie avec la voyelle du mot suivant.

S — Au commencement des mots, *s* peut se combiner de plusieurs manières. Suivi du *c*, il ne se prononce pas quand la voyelle qui suit le *c* est un *e* ou *i* : s*c*ène, s*c*élérat, s*c*ience, s*c*ie ; mais si le *c* est suivi de *a*, *o*, *u* ou *r*, il se prononce ; ex. : s*c*apulaire, s*c*orpion, s*c*ulpteur, s*c*rupule, s*c*ribe.

S suivi de *ch*, ne se prononce pas : s*ch*isme, s*ch*elling, qu'on prononce comme *ch*isme, *ch*elling. Mais *s* se prononce quand il est suivi de *p* ou *t*, comme *s*pacieux, *s*pirituel, *s*tation, *s*térile.

S entre deux voyelles prend le son du *z* ; ba*s*e, mai*s*on, be*s*oin, a*s*ile, etc. Cette règle souffre pourtant des exceptions dans para*s*ol, pré*s*upposer, vrai*s*emblance : on pourrait dire, il est vrai, que les mots ci-dessus peuvent se décomposer ; *par-à-sol, pré-supposer, vrai-semblance.*

S final ne se fait pas ordinairement sentir : rou*tes*, ta*bles*, lo*gés*, ai*més*, meur*tris*, dou*leurs*, ven*dus*.

Il y a cependant des exceptions : Vénu*s*, argu*s*, our*s*, etc. La lettre *s* se lie avec la voyelle qui commence le mot suivant.

T — Le *t* conserve sa prononciation propre *te* devant une voyelle, 1.° dans les mots où il est précédé d'un *s* ou d'un *x* : bes*t*ial, mix*t*ion ; 2.° dans tous les mots terminés en *tié* ou *tier* et *tière* : taba*t*ière, frui*t*ière, héritière, pitié, entier; il faut excepter balbutier, initier; 3.° dans ceux terminés en *tie*: partie, hostie; excepté ineptie, minutie, prophétie, et les mots terminés en *atie*, comme primatie; 4.° dans les mots terminés en *tien* et *tienne* comme soutien, antienne; excepté dans les noms propres comme Gratien, et ceux qui désignent de quel pays on est, comme : Vénitien; 5.° au commencement des mots, comme tiédeur, tiers, et dans le verbe châtier et tous ses temps, et dans les autres parties des verbes terminés en *tions*: nous partions, nous nous contentions.

Mais *te* devant *i*, dans les autres mots, se prononce *ci*; exceptez pétition, partition.

T final se lie ordinairement avec la voyelle suivante, mais l'usage modifie souvent cette règle.

Quelquefois *t* final se fait sentir; quelquefois, il est muet :

On le fait sentir dans	Il est muet dans
déficit, granit, transit.	habit.
Brest.	(il) est, poulet, respect.
(ils sont) sept.	sept sous.
strict, le Christ.	Jésus-Christ.
Loth.	Goth, Ostrogoth.
Luth, chut, ut.	salut.
(c'est un) fait.	bienfait.

V — Nous n'avons pas de remarque à faire sur le *v*.

X — La lettre *x* a plusieurs valeurs, ce qui, pour la prononciation, peut embarrasser et les maîtresses et les élèves. Il a la valeur de *gz* comme dans exempt, exigeant, eg zempt; la valeur du double ss dans Auxerre, Ausserre, Bruxelles, etc; la valeur du *k* dans excès, ek cès; la valeur du *s* simple dans six; la valeur du *z* dans sixième; la valeur de *k s* dans mixte, mik ste; enfin dans le mot dixme, il n'a aucune valeur et n'est représenté par aucun son.

Le *x* final se lie avec la voyelle du mot qui suit; ordinairement il se fait sentir, mais souvent il est muet, et quelquefois muet ou sonore, quoique avec les mêmes terminaisons.

Il est sonore dans	Il est muet dans
Phénix, ils sont dix.	Prix, dix sous.
Pollux.	flux, reflux.
la ville d'Aix (Aisse).	paix.

Z — Le *z* se lie avec la voyelle du mot suivant; ordinairement il est muet à la fin des mots nez, riz, vous lisez, chantez; cependant il est sonore dans Alvarez, Suez, Booz.

LECTURE DU LATIN.

Dans la lecture du latin, toutes les lettres se prononcent, soit au milieu, soit à la fin des mots : il n'y a point de syllabe muette.

e se prononce toujours *é* : *Deus*, *regina* ; prononcez : *Déus, régina*.

en à la fin des mots à la valeur de *ène*, en français : *nomen, numen* ; prononcez : *nomène, numène*. En un mot, les consonnes finales se prononcent comme si elles étaient suivies de l'*e* muet du français.

s final sonne comme dans ces mots : *Deus, Dominus*. que l'on prononce comme s'il y avait *Deusse, Dominusse*.

ti prend le son de *ci*, quand l'*i* est suivi d'une autre voyelle : *gratia, septies, pretiosus, sanctius* ; prononcez : *gracia, sepcies, préciosus, sanccius*. Il faut exceptier les mots où le *t* est précédé de *s* ou *x* : *christianus, commixtio*.

um se prononce *om* (en France) : *Deum, magnum* ; prononcez : *Deome, magnome*.

Les doubles consonnes se séparent toujours : *imminens, innatus* ; prononcez : *ime-minens, ine-natus*, avec l'*e* muet du français que l'on fait néanmoins très-peu sentir.

in, monosyllabe, se prononce *ine*, suivant la règle générale ; de même, quand il est l'initiale d'un mot dont la seconde syllabe commence par une voyelle : *ineffabilis*, *inaures*; mais quand la syllabe qui suit *in* commence par une consonne, il se prononce généralement, en France, comme *cin* : *ingens*, *infans* se prononcent : *eingens*, *einfans*.

Quand à l'épellation, ou la séparation des syllabes, les règles sont les mêmes que pour le français : nous les avons exposées plus haut.

Nous terminerons par un avis important ; c'est que les Sœurs doivent avec grand soin empêcher les enfants de chanter en lisant, comme aussi de faire de fausses liaisons en séparant le mot, qui se termine par une consonne, du suivant, qui commence par une voyelle.

FIN

www.ingramcontent.com/pod-product-compliance
Lightning Source LLC
Chambersburg PA
CBHW061016050426
42453CB00009B/1478